ELIZABETH COLE

Mi forma de ser amable

ILUSTRADO POR TATYANA KIM

A todos mis pequeños lectores, ustedes son la razón por la que este libro existe. ¡Gracias!

Libro de Elizabeth Cole

Copyright © 2025 por Go2Publish LLC - Todos los derechos reservados

Ninguna parte de esta publicación o de la información que contiene puede ser citada o reproducida de ninguna forma por medios como la impresión, el escaneo, la fotocopia o cualquier otro, sin el permiso previo por escrito del titular de los derechos de autor.
Para obtener permisos, ponte en contacto con: publisher@worldofkidsbooks.com.

Descargo de responsabilidad y condiciones de uso:
El autor y la editorial no se responsabilizan de los errores, omisiones o interpretaciones contrarias del contenido de este libro.
Este libro se presenta únicamente con fines motivadores e informativos

Este libro pertenece a

....
....

Melissa era amable, un amor sin igual,
la más dulce niña de toda su ciudad natal.
Aunque a veces olvidaba su bondad,
su osito le recordaba sobre la amabilidad.

Un día le regalaron un juguete y un dulce sabroso,
pero su madre no escuchó un "gracias" afectuoso.
Prometió ordenar su cama sin demora,
pero eligió ver la tele en lugar de ayudar.

Entonces su osito planeó algo genial,
enseñarle en sueños lo que está bien y mal.
Llegaron al Reino de los Dulces deliciosos,
¡Melissa no había visto dulces tan hermosos!

Nubes de pudín flotaban a gran altura,
galletas con alas volaban con dulzura,
hierba hecha de nubes y un río de chocolate,
montañas de helado de fresa, ¡qué paisaje lleno de arte!

De pronto, un brownie se acercó a saludar,
vio a una anciana y fue su puerta a empujar.
Con una gran sonrisa, el brownie saludó,
y la señora agradecida su gesto agradeció.

El brownie saludó a Melissa y al osito cordial,
y dijo sonriendo:—Hola, gusto en conocerlos, ¡qué genial!
Bienvenidos al Reino de los Dulces encantados,
donde la amabilidad está en todos lados.

Si eres amable, recibirás mucho amor,
esa es una lección que llena el corazón de calor.
Cuando sonríes a otros con bondad y alegría,
te sentirás feliz y lleno de energía.

Melissa vio a unos muffins correr y brincar,
pero el más pequeño no quiso participar.
El muffin de arándanos con ternura lo llamó,
y al final, todos juntos felices jugaron sin temor.

—¡Muffin, eres tan dulce! —dijo Melissa encantada.
—Claro que sí —dijo Muffin—, ¡soy una delicia azucarada!
Quizá te comas la mitad de mi barriguita,
pero reír juntos es la parte más bonita.

—Te contaré mi secreto para ser alguien mejor:
me pongo en el lugar del otro y comprendo su valor.
Si quieres, intenta este truco también,
imagina cómo quieres que te traten bien.

—Muy temprano en la mañana abrazo a papá con ilusión,
y así su día empezará lleno de alegría y emoción.
Cada gesto amable, aunque sea muy chiquitín,
puede crecer inmenso, cual bola de nieve sin fin.

La pequeña rosquilla tenía algo que proponer:
había hecho una tarjeta que decía: —¡Mamá, eres la mejor! —
Luego abrazó a su mamá con mucha dulzura.
y juntas brillaron en una escena de ternura.

   La rosquilla dijo:
     —Una palabra amable, dicha o escrita con amor,
     vale más que el oro y un diamante de esplendor
     No tiene precio, pero alegra el corazón,
     ¡y más dulce que pastel de chocolate en su perfección!

—Puedes usar mi juguete —dijo una voz amable.
Melissa miró y vio al pan de jengibre adorable.
Su amigo le ofreció un bocadillo sabroso,
mostrando otra lección con un gesto precioso.

—Si ves a un amigo que necesita tu mano,
no dudes en ayudarlo y en ser humano.
Así demuestras cuánto te importa de verdad,
y al compartir, florece la amistad.

—Las pecas de la bondad obtienes al ser gentil
—dijo él con una sonrisa sutil—.
Se posan en tus mejillas y en tu frente con amor,
invisibles, pero brillan con un gran resplandor.

—Por cada buena acción, una peca ganarás,
y como el sol, tu día iluminarás.
Cuantas más obtengas al final del día,
más pleno será tu corazón de alegría.

—Gracias, amigos, por enseñarme a ser mejor,
¡prometo ganar mis pecas con mucho amor!
Luego de que Melissa y su osito disfrutaron dulzuras,
era momento de dejar el Reino de las Dulces aventuras.

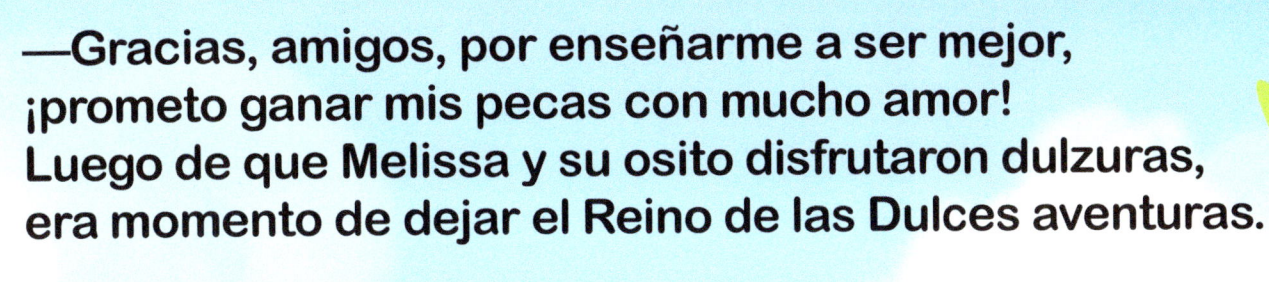

Melissa se despertó con una sonrisa radiante.
—¡La bondad hace que el mundo sea más brillante!
La verdadera bondad es hacer el bien con el corazón,
no porque debas, sino por pura convicción.

—Gracias, mamá, ¡qué deliciosa comida! —dijo Melissa, feliz y agradecida. Después limpió la mesa con gran esmero, y colocó una tarjeta: "¡Mami eres la mejor del mundo entero!".

—Los actos amables son como una varita de magia.

si los haces con cariño, la alegría se contagia.

Ningún acto de amabilidad es en vano

Querido/a lector/a:

¿Te gustaría ser amable en todo momento? Seguro que sí.
Aunque parece sencillo, en realidad es todo un desafío.
¿Alguna vez has sido un poco maleducado? Pues bien, voy a compartirte un secreto:
a todos nos ha pasado. Pero no te preocupes, ¡este libro está aquí para ayudarte!
Inspírate en las aventuras del muffin, el brownie, la rosquilla y el pan de jengibre.
¡Aprende a ser amable siempre! No solo son exquisitos,
sino que también son expertos en amabilidad.

Me encantaría conocer tu opinión sobre este libro.
Tus comentarios son muy valiosos mientras trabajo en la próxima entrega.
¡Sí, habrá más! Se vienen muchos libros por disfrutar y anticipar,
ya que esto es solo el comienzo de una serie completamente nueva.
¿Puedes imaginar hacia dónde nos llevará el próximo sueño de Melissa?
¿Qué crees que sucederá? Si compartes tus ideas conmigo, tal vez las veas
reflejadas en uno de los futuros libros. ¿No sería maravilloso?

¡Estoy emocionada de recibir noticias tuyas!
Puedes escribirme a elizabethcole.author@gmail.com o visitar www.ecole-author.com.
Deja tu reseña de este libro aquí:

Con cariño,
Elizabeth Cole

Ve aquí para conseguir tu página para colorear

www.ingramcontent.com/pod-product-compliance
Ingram Content Group UK Ltd.
Pitfield, Milton Keynes, MK11 3LW, UK
UKHW060216240426
12048UKWH00030BB/1683